幸福的52個智慧

52 tips to find happiness

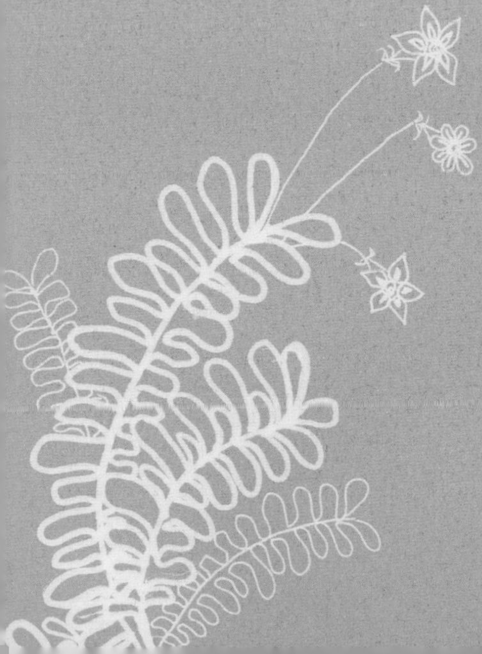

前言

家庭生活佔據了人生修行一大半的時間，這樣的說法並不為過。

學校課業有教科書，在公司工作有各種規章制度，但是，家庭生活卻沒有可以讓人參考的工具書。一般人多是仿照養育自己成長的家庭環境，或者各自不斷地摸索創造出新的流派。他人的家庭生活是看不到的，即使經常張家長李家短的話家常，也無法瞭解到他人家庭內部的真正情況。

本書除了提供能夠過幸福家庭生活的參考，還試著將那些現實生活中的話題收集起來。各位若能一手端著茶杯，一邊輕鬆地翻閱本書，順便還能得到幸福的話，我想世上沒有比這更划算的事情了。

幸福科學總裁

大川隆法

Contents

幸福的52個智慧

目錄

第五章　從今天開始向前邁出一步

第六章　家庭就像一面鏡子——能夠看到新的自己

目錄

Chapter 1

稍微放鬆一下心情

01 運氣不佳時，能自我振作的思考方法

我認為人生和命運，在某種程度上存在著週期性。

雖然很難說是以幾年左右、或者是以幾個月為週期。但是，每隔幾年就有一個週期似的，運氣時好時壞。

實際上最光輝的時代，正是從所謂的逆境期開始的。

試著想一想，在人生的轉換期，肯定會發生與環境不協調，或者和他人不協調的事，此時會出現精神上的痛苦，這也是事實。

那麼，如果沒有這些逆境的話，能說是好事嗎？我認為並非如此。

「痛苦的時期，同時也是美好事物開始的時期」——各位可以從這樣的角度來看待事情，這麼一來，逆境就不可怕了。

為什麼說不可怕呢？

各位可以這麼想：「在命運的逆境期，靈魂能夠得到最好的食糧，能夠得到最好的經驗。」

這一點，若以竹子做比喻的話，即是相當於竹子長竹節的時期。

竹子從一冒出芽，一下子就順利地長了二十公分、三十公分，但是不久後就不得不長節了。這個時候，恐怕會感到痛苦吧！

總之，命運或運勢，在一定程度上是有週期性的，有好運、順境的時候，亦有壞運、逆境的時候，而在人生當中亦有成長、長竹節的時候。

逆境之時即是長竹節之時，待竹節長好後，就會長出新的枝條來。

所以，若正處於痛苦時期，應持著「現在正在長竹節」的心態，邁向下一個成長的道路。

幸福處方箋

「痛苦的時期，同時也是美好事物開始的時期。」
——如果能這樣思考，逆境就不再可怕。

/ *Mon*

/ *Tue*

/ *Wed*

/ *Thu*

/ *Fri*

/ *Sat*

/ *Sun*

02 稍微動動腦，讓消沉的心情愉快起來

如果認為自己是很無聊、很沒用的人，那就真的無可救藥了。

請不要那樣想，要知道「自己是由佛所創造出來的佛子，是很了不起的人。」這是很重要的想法。

另外，要持有這種積極態度而活著：「人是為了獲得幸福而存在。人有著要變幸福的義務。」

成天盯看悲慘的自我形象，事情絕不會好轉。重要的是改變自己根本的想法，讓自己形象光彩照人。

怎樣做才好呢？重要的是要創造一種「有好事」的氛圍。

從小事當中發現喜悅，持有著發現成功種子的態度，創造一種光明的氛

圍。

即使有煩惱，只要稍微動動腦筋，情緒就能夠藉此轉換。

譬如，買一條新的領帶。要選平時不常穿戴、非常有品味、顏色鮮豔或紅色的領帶。

或者，到沒去過的高級餐廳用餐、做一套新西服、買雙新鞋等等。重要的是透過這些新的體驗，想方設法地提高自己的情緒。

家庭主婦的情況也是一樣。

譬如，總是被丈夫抱怨的妻子，不妨試試稍微改變一下自己的形象。丈夫也許厭惡了妻子的樣子，一看到總是穿著同樣衣服、閒在家中的妻子，就會很氣憤，也許就會不由地想發牢騷。

所以，試試一週一次，變換一下穿著打扮，來迎接你的丈夫。

下班回家的丈夫，看到妻子新的妝容，一定會很驚訝，必會不由自主地問：「今天有發生什麼高興的事嗎？」可是如果妻子回答：「沒什麼特別的！」那丈夫就會更加在意。於是，話題就會多起來。

就像這樣，首先在自己的週遭下一點功夫，逐漸恢復愉快的氛圍。這些細微的用心，往往人生會開啟意想不到之路。

從身邊尋找突破點，如果順利的話，那麼下一步，就是要積極地採取行動。

幸福處方箋

在自己的週遭下一點功夫，逐漸恢復愉快的氛圍。
這些細微的用心，往往會使人生開啟意想不到之路。

/ *Mon*

/ *Tue*

/ *Wed*

/ *Thu*

/ *Fri*

/ *Sat*

/ *Sun*

03

一笑現後光

像三月陽春般，打造出溫暖的氛圍，這是獲得成功的秘訣。

人的心中會發出各種波長，透過展現笑顏，可以像調整收音機頻道一樣，改變其波長。

於是，從身上發出的波長將變得非常柔和。

從後光的角度來看，真的如此。

因為我能靈視，所以一照鏡子，就能看見自己的後光。

通常後光是有一定形狀的，對著鏡子裡的自己，只要一笑，啪的一下後光就會出現。這就是法則，只要一笑，啪的一下就會出現。

透過做出笑臉，的確可以消除全身的緊張。由於神經緊張的消除，心情便會跟著放鬆。而心情一旦放鬆，就會變得容易接受光明。

為了接受天上界的光明，重要的是在某種程度上，自己需處於被動接受的狀態。

自己集中精力忙得不可開交時，是難以接受光明的。調整出開放性的精神狀態，是接受光明的條件之一。

在瞑想當中，雖然要採取一定的姿勢，但也因此會變得容易接受光明。我們不僅要依靠自身的力量，有時還得借助他力。

對於笑容，各位首先應體會到：「幸福和笑容是如影隨形的，只要一笑，幸福是會跟著笑容而來。」

幸福處方箋

透過展現笑顏，
可以像調整收音機頻道一樣，
改變心的波長。

/ *Mon*

/ *Tue*

/ *Wed*

/ *Thu*

/ *Fri*

/ *Sat*

/ *Sun*

04

「杞人憂天的外星人」——一則不好笑的故事

有個外星人乘著飛碟，從遙遠的星球來到地球，恰好在梅雨時期降落於日本。

「來到這個叫地球的星球，不知道怎麼了，拼命地下雨，實在是沒意思，真想儘快離開這裡。」那個外星人若是這樣想的話，那就失去了進一步探索地球的可能性。

有關地球的可能性，以及自我活動的可能性，都會因此而結束。

可是，在地球上，雖有時會陰雨綿綿，但也有放晴的時候；問題在於是否有察覺到這一點。

如果天氣突然放晴的話，他們可能會認為：「這個叫地球的星球，還真是個適合居住的好地方。」

可是，因為初次到來時，正好遇上下雨，就草率地下結論：「唉！這個星球真差，這樣的地方不好。」那麼，就斷送了其他的可能性。

因自己的草率而放棄了可能性，而不得不尋找下一個星球，在宇宙空間繼續漂泊；這是非常不划算的。

留在地球上，最長一個月，梅雨季節就會過去。可是，缺乏這樣的忍耐而離開地球的話，結果又得在宇宙中漂泊幾十年。

這就是所謂的杞人憂天的外星人。

這雖然是外星人的例子，但各位其實也正在做差不多一樣的事情。

比如，結了婚的各位是否曾想過：「要是換個伴侶就幸福了！」說實話，有沒有人想過？

「如果不是現在的妻子……」「如果不是現在的丈夫……」等等，在已婚的人中，不只百分之五十的人曾想過吧？恐怕八、九成的人都曾這麼想。

明明知道這樣想不對，可心裡還在犯嘀咕：「如果能換的話，不，如果能及早發現的話，就有可能過上不一樣的人生。」三十年來都是這麼想……。

然而，這就像梅雨季節登陸地球的外星人一樣。

此時很重要的，就是想法的轉變，要有新的發想，要經常考慮是否有其他的觀點。

另一個就是努力或下工夫；這一點極其重要。

幸福處方箋

要經常考慮是否有其他的觀點。

/ *Mon*

/ *Tue*

/ *Wed*

/ *Thu*

/ *Fri*

/ *Sat*

/ *Sun*

05 偶爾稱讚一下自己吧！

能得到他人的讚賞，是一件很令人高興的事。

在幸福科學組織裡，我們教導人們要用正確的話語來稱讚他人，要用溫和的言語待人，要施愛給他人。

可是在現實中，對他人講溫柔的話語、施愛給他人的人，實在是太少了。

因此，如果得不到他人讚賞的話，那就偶爾稱讚一下自己吧！

雖然有各種各樣的看法，但關於自己，只有自己瞭解最多，所以應試著改變一下想法。

「和某人相比處於劣勢」、「如果不這樣的話，就會失敗」，老是這樣想，也許就會覺得「自己是個沒用的人」，難道就不能換個角度看看嗎？

現在的自己，與小學時期相比，應該成長了很多。

十幾歲的時候曾擔心：「這樣的自己，會不會一輩子也結不了婚呢？」可如今卻在為「取了個不中用的妻子」而苦惱。

然而，從原以為「結不了婚」的自己來看，僅僅「結婚了」這件事，難道不是很了不起嗎？

另外，「即使是這樣不中用的妻子，卻還能一直養活著她，難道不是很了不起的嗎？」也可以有這樣的看法吧！

有的人因為孩子不成材而苦惱，可也有另外的看法：「即使是這樣不爭氣的孩子，也一直養著，難道不偉大嗎？」

年過六十歲，卻還是一名普通職員的人，也可以這麼看：「雖然六十歲仍是一名普通職員，但是還能繼續工作，這難道不是因為熱情還很高嗎？」

另外，還可以認為：「僅僅不生病，不就已經很了不起了嗎？」

為頭髮而煩惱的人，也可以想：「完全沒有頭髮的人不在少數，我的頭上還留有一圈頭髮，這不是很厲害嗎？」、「雖已白髮蒼蒼，但是像浪漫主義詩人葛雷那樣，不也是很帥嗎？」

像這樣換個角度看待事情；如果得不到他人稱讚，偶爾也要自我稱讚一下。

若是每天都稱讚自己，或許有點過分，但每週差不多一次，「自己都已經這麼憂鬱了，偶爾試著稱讚一下自己吧！」

幸福處方箋

自己都已經這麼憂鬱了，每週差不多一次，
偶爾試著稱讚一下自己吧！

/ Mon

/ Tue

/ Wed

/ Thu

/ Fri

/ Sat

/ Sun

Chapter 2

為了獲得幸福的戀愛和結婚

06 真的有「命運的紅線」

人在轉生到世間前，在天上界就已經和將來的結婚對象約定好了。

換言之，就是和那個人相約，往後數十年要在一起，共同努力，建設理想家庭。

當然，有時會出現配偶因病早逝的情形。於是，也有人會再婚。

就像這樣，有人會預定如此複雜的人生。

可是，原則上在轉生於世間之前，都已和特定的人約定好了，決心在往後數十年間，共同建造理想家庭，為社會貢獻，然後才來到這個世上的。

不要忘記這個原點。

建設家庭的原點，就是實現於出生之前的這個約定。

幸福處方箋

人在轉生到世間前，

在天上界就已經和將來的結婚對象約定好了。

/ *Mon*

/ *Tue*

/ *Wed*

/ *Thu*

/ *Fri*

/ *Sat*

/ *Sun*

07 要是本命的「紅線」斷了怎麼辦？

如果搞錯了，和沒有約定的人結了婚，那該怎麼辦？這種情形的確會出現。

要保證百分之百的一致，確實很難。

譬如，數十年前發生的太平洋戰爭，當時有許多男性因此死亡。因此當時的女性超過男性好幾倍。

那麼，是不是說那時年輕的女性，都是計畫終生單身而轉生的嗎？肯定不會是，這樣的事是不可能的。

原本想：「如果可能的話，要和此人結婚。」可是對方死於戰爭，這種事不在少數。

如果是這種情形，會變成怎樣呢？有非常多的情況是，自己會和前世多少有些緣分的人，互相結合在一起。

轉生在同一個時代，不會只有你跟另外一個人而已，往往在前世生於同一時代的人，會集體轉生到世間。

所謂的夫妻緣分，就是「A君和B小姐結婚最好」，然而，這樣的最佳組合當然分幾個層次，也有候補的。

「這個人若不行時，還有另一個人。要是另一人又被搶走了，還有另一個人。」就像這樣，大家都有兩、三個左右的緣分預備著。

最近，橫刀奪愛的事情很多，但畢竟自己還留有後補人選，對方也在想：「萬一不行，自己也有後補人選。」

由於雙方都有後補人選，想要結合在一起，就變得非常困難。

雖然在過去的轉生當中，已經建立了各種各樣的人際關係，但也有在今世所產生的緣分。

儘管有「業」和「緣分」的說法，但若是太拘泥於宿命論，也會產生問題。

對於和自己偶然相識的人，應當做是：有緣相會，並攜手共築更美好的人生；若能這樣想，就再好也不過了。

幸福處方箋

對於和自己偶然相識的人，應當做是：有緣相會，並攜手共築更美好的人生；若能這樣想，就再好也不過了。

/ *Mon*

/ *Tue*

/ *Wed*

/ *Thu*

/ *Fri*

/ *Sat*

/ *Sun*

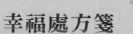

08

「結婚對象」與「狗尾巴」的關係

關於「得到最佳伴侶的辦法」，有人曾為此而苦惱了五年、十年甚至二十年，但結論卻意想不到的簡單。

與大家設想的恰恰相反，最佳伴侶並非去追求而得到，因為越追反而會離自己越遠。

比如狗或貓等等，大家有沒有看過它們繞著自己尾巴轉圈時的樣子呢？小狗或小貓，覺得自己的尾巴很稀奇，所以想轉個圈去咬，可是無論怎麼打轉都咬不到。尋找最佳伴侶，實際上和這種感覺非常相似。

而尾巴這個東西，如果不去追，忘了它的存在而向前行的話，就會從後面自動跟隨自己。

但是如果去追的話，它就會逃走。

我想說的就是，請各位做一個「讓對方想說：『我想跟你結婚』」的自己吧！

雖說每個人理想中的伴侶形象皆不相同，但是當自己心中理想的對象出現在眼前時，自己必須要讓對方覺得想和你結婚。這是先決條件。

追求自己的理想對象，並不是先決條件。

把自己理想中的伴侶條件開出來，然後說：「自己理想中的人就是這樣的，如果是這樣的人，就想與他結婚。」之後依此條件去追尋。很遺憾地，這樣是找不到的。

不應如此追求，而應考慮：「當理想的人出現時，此人會想要和什麼樣的自己結婚呢？」為此進行過自我改變的人，理想中的伴侶才有可能會出現。

幸福處方箋

做一個讓理想中的對象，
說出「我想和你結婚」的自己，是先決條件。

/ *Mon*

/ *Tue*

/ *Wed*

/ *Thu*

/ *Fri*

/ *Sat*

/ *Sun*

09

遇見理想男性的秘訣？

每個人皆有各自的「守護靈」。

這個守護靈，最瞭解妳心中最有吸引力的男性是什麼樣的人。

那麼，讓守護靈撮合理想男性的秘訣在哪裡呢？只有一個，就是每天在心中祈禱。

無論是晚上睡覺，還是早上起床，都要祈禱和許下誓言：

「請讓我遇見理想的男性，請讓我遇見能夠給自己帶來幸福的伴侶。為了與這樣理想的人相遇，我會每天拚命努力，做一個理想的女性。」

此外，妳的相信之心越強，實現的可能性就會越高。

關鍵就在於妳必須要維持美麗的心境，懷有堅定的相信之心。

就像磁鐵一樣，越是相信守護靈，他越能發揮強大的力量。

正如這一句話「天助自助者」，守護靈的力量將會因你心靈的光亮程度而得到倍增。

幸福處方箋

越是相信守護靈，他就越能發揮像是磁鐵般的強大力量。

/ *Mon*

/ *Tue*

/ *Wed*

/ *Thu*

/ *Fri*

/ *Sat*

/ *Sun*

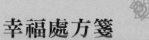

⑩ 如何讓喜歡的人對自己說：「我們結婚吧！」

在現實中，讓喜歡的人對自己說「我們結婚吧！」的方法，的確是有的。當然，這和兩人是否有緣息息相關。

要測試兩人是否有緣，首先可在心裡想像一下和對方過新婚生活的情景。

從舉行婚禮、新婚旅行，然後是新婚生活，一直到和對方有了小孩子。兩個人一起養育子女，白頭到老，在即將離開人世時，對方是否會說：「和你結婚真好」？

試著在心中的螢幕上描繪一下，想像這樣的故事情節能否連續下去。

如果這個故事一直很順利地發展下去的話，或許結婚的可能性就很高了。

然而，若出現「無論怎麼描繪，最大的限度就是到婚禮，從那之後的事情就無法想像了。」如果是這樣，或許那個人不是你的結婚對象。

首先，要確認以上這一點。

如果能在心中描繪和對方的婚姻生活，接下來就可以思索一下：「從現在開始，自己必須要做些什麼？」

如果是女性的話，漸漸地讓自己散發即將當新娘的氛圍，經常在心中想：「對方希望妻子做的事情，大概是這些吧！」並且開始行動。

自然而然地，對方就會像中了催眠術一樣，開始陷入妳就是他的妻子的錯覺之中。並且，漸漸地就會按照妳的催眠行事。

表現出即將要結婚的行動，營造出一種即將要結婚的氛圍，這很重要。

如果對方也漸漸地沉浸在那氛圍之中，那就非常有希望了。

然而，若妳做出彷彿新嫁娘的舉動後，對方則開始想保持距離，那就必須要注意對方是否只是抱著玩玩的心態。

此時若沒有看穿對方只是在玩玩，只因為自己急於結婚，而無所警惕地加深彼此的關係，那麼當過了高峰期後，對方就會遠離而去。

除此之外，聰明的女性，還可用套話的方式，讓對方講出真話，或者也可以試著先得到週遭的人的承認。

但是，這種由外而內的方法，除非有相當把握，否則事後若不成事，有可能會在妳的心裡留下很深的傷痕。

總之，最終還是要看有沒有緣分。

所以，如果因為沒有緣分而告吹的話，也要想：「這次是這次，還有下一次機會。」

幸福處方箋

營造出一種即將要結婚的氛圍。

/ *Mon*

/ *Tue*

/ *Wed*

/ *Thu*

/ *Fri*

/ *Sat*

/ *Sun*

Chapter 3

成為一個能喚來成功的人

II 是否以一副「景氣蕭條的臉色」在工作？

我以前在公司工作的時候，常常需要和客戶進行許多交涉，我總是以「一副景氣最旺的態度」去訪問客戶；一直都是如此。

有意思的是，如果以一副景氣蕭條的臉色走進門的話，人們是不會靠近過來；但若是笑瞇瞇地走進門，人們就會靠攏過來。

進大門之前，緊緊地繫一下領帶，微笑著走進去，五、六個人會一個接一個的出來打招呼：「歡迎光臨！」並會問：「有什麼好事嗎？」即使說：「啊，也沒什麼」，他們還是會過來。

我想這是做生意的秘訣；但這不僅適用於做生意，也是維持良好人際關係的秘訣。

人是很難對面帶笑容的人，抱持著敵意的；這是鐵則。

如果對著滿臉笑容的人抱持著敵意，反而會覺得自己是多麼的差勁。對著看到笑瞇瞇的人口出惡言，就會學得自己真是壞。如果對方聽到了你的惡言，依舊是面不改色、笑容不減的話，你就只能舉雙手投降了。

因此，可以說「笑容是消除敵意的最好方法」。

幸福處方箋

人是很難對面帶笑容的人，抱持著敵意的；這是鐵則。

/ *Mon*

/ *Tue*

/ *Wed*

/ *Thu*

/ *Fri*

/ *Sat*

/ *Sun*

12

痛苦之時，勉勵自己的「光明話語」

就像笑容可以裝飾臉龐一樣，話語也可以裝飾人的品格。

經常說悲觀話語的人，周圍會形成一種無法形容、很難接近的氛圍。會讓別人感覺到，如果接近那個人的話，自己也會變得不幸。

此人越說一些悲觀的話，就越發讓人覺得厭惡。

即便早上出門時遇到不愉快的事情，但如果一整天都將這種不愉快，一直掛在嘴邊的話，那麼這件事不僅對此人的人生是負面的，對其他人的人生也是負面的。

一天中，如果遇到了什麼好事，就要用話語表現出來。

藉此，除了自己會平添幾分開朗的心情，聽到這話語的週遭人們，也會覺得很開心。

越是痛苦、悲觀的時候，就越要說一些積極的、振奮的話語。藉由這些話語，一口氣切斷那些灰暗的情緒。

我認為，這對於成功的人生來說，是最重要的方法之一。

成功人士經常會說積極的話語；成功人士經常會說建設性的話語；成功人士經常會說樂觀的話語。為什麼呢？那是因為話語就像是一台牽引車。

馬車透過馬的牽引來前進，同樣地，話語正是人生的牽引車。

藉由話語，人將變得幸福或不幸。既然如此，做為人生牽引車的話語，更應該有效地利用。

說出一句積極的話，就相當將一匹馬的馬車變成二匹馬的馬車。如果再說出一句積極的話，那麼就相當於有三匹馬拉車。如果能夠再說出一句更積極的話語，那麼就相當於有四匹馬拉車。

就像這樣，力量會越變越強。

如果因為一句積極的話語而成功的話，只要想「自己的馬力增加了」就好了。

如果多一匹馬，那麼自己的馬車就能夠更快更有力地奔跑，而且能夠載更多的人，運更多的貨物。

各位必須要知道：「話語有著如同轅馬拉車一樣的力量」。

幸福處方箋

話語是人生的牽引車。藉由話語，人將變得幸福或不幸。

/ Mon

/ Tue

/ Wed

/ Thu

/ Fri

/ Sat

/ Sun

13 十分鐘的「咖啡時間」，會讓工作效率倍增

上班族的工作大多數是從早上八點半開始，到傍晚五、六點左右結束。但是若從效率來看，文書處理的工作，不可能一天做上十二小時以上，不僅如此，這期間有很多時間是被浪費掉的。

從早上一直做工作做到午休，這還有可能。但從下午開始，就會開始出問題了。

或許也有不顧一切拚命工作的人，但是希望各位能認識到：「人的集中力無法持續三個小時以上。」

因此，工作兩到三個小時之後，就該喝喝咖啡，稍做休息。捨不得休息十或十五分鐘的人，反倒浪費了更多剩下的幾個小時。

各位要努力在工作當中，休息個十分鐘或十五分鐘。運用這段時間，可以喝喝茶，與同事聊聊天，稍微刻意地進行放鬆精神的活動。

原則上，把最重要的工作要放在最佳狀態時來做；這一點很重要。把單純整理性的工作留在傍晚以後，在精神及身體狀態最佳的時候，做最重要的工作。要努力做到這一點，這是很重要的。

幸福處方箋

拾不得休息十或十五分鐘的人，
反倒浪費了更多剩下的幾個小時。

/ *Mon*

/ *Tue*

/ *Wed*

/ *Thu*

/ *Fri*

/ *Sat*

/ *Sun*

⑭ 將成功吸引而來的「念力」

人的意念，實際上具有非常強大的力量。

或許也可以說，這種意念真的具有物理的力量。

若要對「念力」進行說明的話，它正好相當於「設計」一詞。

在蓋房子時需要設計圖，沒有設計圖，房子就無從蓋起了。與此相同，「意念」就相當於此人規劃一生的設計圖。

而且，意念並不單純僅是設計圖，它還蘊含著更大的作用。

換言之，還在畫設計圖的階段時，這份藍圖已開始發揮功用了。不久之後估價也估好了，各類建築師傅也聚集而來了，建設資金也到位了；這張設計圖會自動發揮力量，房子就會按圖建立起來。

假設有一個人，繪製了一張房子的設計圖。

當那份設計圖打開後，某個人從旁邊經過，並停下腳步，再仔細看過設計圖後說：「這的確是座好房子，一定要蓋起來。」

於是，那個人就召集朋友，帶來了有錢的朋友和認識木工的朋友等等。

那個人說：「有這樣的設計圖，我想把這個房子建起來，怎麼樣？你們能幫幫我嗎？」

於是，有錢的朋友答道：「我手上有這個建築物所需費用的一半現金，剩下的一半，憑我的信用，可以去銀行貸款。這事就交給我吧！」

另一個朋友說：「正好我認識一個手藝很好的木工，馬上和他談談。看樣子，這個月之內就可以開工了。」

最初提案的人，雖然想建這個房子，但會考慮：「那麼，這個設計圖是誰繪製的呢？」

那個人在找到設計圖擁有者後，才知道是一個沒有錢，但有著夢想的年輕人所畫的。

於是，那個人會說：「這個設計圖是你設計的啊！真是位有前途的青年啊！好，我來幫幫你，按照你的希望建好這個房子。」

以上雖然是打比方，但實際上確有此事。

各位雖然沒有察覺到，但守護靈、指導靈是真的存在的，他們常常費心指導各位。

因此，對於各位在心中所強烈描繪的願景，四次元以上世界裡的人會前來幫忙。

而在世間，持有著具體目標的人，其身旁也容易聚集幫手。

這是因為此人明確的目標感動了人們。

所以，各位要明確地認識到人的意念的力量。

幸福處方箋

人的意念真的具有物理性的力量。

/ *Mon*

/ *Tue*

/ *Wed*

/ *Thu*

/ *Fri*

/ *Sat*

/ *Sun*

⑮ 獻給頭腦聰明卻無法成功的你

世上有很多被認為是頭腦相當聰明的人。

然而，這樣的人在工作上就會有出色的表現嗎？那也未必如此。

有人頭腦很聰明，但在工作上沒有多大成就，也沒有多高的地位，也只拿微薄的薪水，常常會令人覺得想不透。

我也覺得不可思議，便開始觀察為何會這個樣子。

觀察之後，所得到的結論是：「此人熱情不足」。

不管是如何聰明的人，如果沒有熱情的話，前方之路是不會打開的。

有了熱情，工作才會開始顯現成績。

比方說，燒製陶器的時候，不論是再出名的製陶達人，不論粘土再怎麼好，上色再怎麼精彩，圖案畫得再好，但如果窯火的熱度不夠，也無法燒製出好的陶器。

要燒出色彩鮮豔的作品，需要的就是如火的熱情。

缺乏這樣的熱情，就算有再好的材料，有再好的設計，也無法製作出一流的作品。

耶穌創下了如此偉業，也是因為有熱情吧！

另外，蘇格拉底也是位頭腦聰明的人，能在人類史上留下大名的人，都是因為有熱情。

孔子立下那麼多的豐功偉業，一邊巡訪各國，一邊傳播其思想，能讓孔子持續不斷的原動力，就是熱情。

釋迦牟尼能留下如此大的偉業，也正是因為有了熱情。

昔日，人們常常將頭腦聰明的人說成「像釋迦一樣」。但光靠頭腦聰明，是做不了什麼大事的。

總之，沒有熱情是不行的。

不管是多麼好的東西，如果被埋沒起來的話，也就沒有未來了。把埋沒起來的東西挖掘出來，並且予以淬煉、拋光，為此不可或缺的就是熱情。

工作需要體力，也需要智力，但是，勝過這一切的是熱情。

充滿熱情地工作，前方之路才會真正地打開。

缺乏熱情，是絕對做不好工作的。

幸福處方箋

無論是如何聰明的人，
若缺少熱情，前方之路將不會打開。

/ Mon

/ Tue

/ Wed

/ Thu

/ Fri

/ Sat

/ Sun

Chapter 4

改善不和諧的人際關係

⑯ 不要認為自己是孤獨的存在

我想敘述一下何謂「人類的幸福」。

我想對大家說：「人的幸福產生於人與人之間。」

如果這個世間只有自己一個人的話，那是絕對不會產生幸福的。

如果只是一個人的話，或許不會產生不幸，但同樣也不能體會到幸福的滋味。就好比獨自一人生活在南海孤島上，那是難以體會幸福滋味的。

畢竟有他人的存在，能夠相互交談、相互握手、互相關愛、一起工作、共同生活、共同學習，藉此才能感到喜悅，品味幸福。

請各位不要認為自己是孤獨的存在，而應該為自己是大千世界中的一份子感到高興。

如果各位是像幾十公尺高，或是一百公尺高的紅杉一樣孤獨的話，各位覺得如何呢？會感到幸福嗎？

雖然在群體當中的自己，有時會覺得悲傷、寂寞，但正因為自己亦是一個個體，才能夠與眾人一起共同進步、共同生活。

人的幸福，就是起因於如此的個體，而如此個體是存在於群體之中的。幸福存在於人與人之間。

如此看來，幸福與愛是多麼相似。愛也存在於人與人之間，愛與幸福真是太相似了。

幸福終究來自於愛！我是這麼認為的。

在這大宇宙中有一個太陽系，太陽系中有一個名叫地球的星球。不可思議的是那裡竟然住著六十五億人，並且都是同一時代的同期生。

這是多麼美妙的事情啊！而且這麼多的人能夠一起生活，能夠互相關愛，帶給對方快樂。

請各位想想，能活在這樣一個世界裡，是一件多麼美好的事情啊！

即使什麼也沒有，不也是很好嗎？

請試著想一想，只要能夠生活在互相關愛的人際關係當中，是件多麼幸福的事情啊！

幸福處方箋

幸福存在於人與人之間。

/ *Mon*

/ *Tue*

/ *Wed*

/ *Thu*

/ *Fri*

/ *Sat*

/ *Sun*

⑰ 與總是合不來的人相處的方法

各位有時會遇到那些看不慣自己的人，或者是自己也看不慣的人吧！

但是，請不要認為這樣的人全都不行，即使自己不喜歡對方，也要試著分析一下到底此人是哪裡使自己感到厭惡。

即使覺得「這方面合不來，自己不能接受」，但是也要看看其他方面：「這個人也有好的地方，某些方面還是不錯的。」如此心念，是會傳到對方那裡的。

於是，對方便會感覺到：「自己沒有被完全否定，這個人只是不欣賞我的這一部分，其他部分還是接受的。」

因此，對方就會開始改變自己。

因為此人明白了「與這個人談話時，只要注意這一部分就可以了」，此人就會改變自己，將自己好的一面呈現出來。

這在不知不覺中，就會促使對方開始改變。

藉由轉換另一種想法，找出對方的優點，對方就會改變。

但是，如果各位總是徹底地討厭對方，彼此的關係是完全不會改善的。

重要的是，不要完全否定對方。

女性在這一方面就很擅長。

比如說被求婚時，女性會說：「我比較喜歡做朋友」之類的話搪塞過去；女生特別擅長如此迂迴的方法。

男性比較難說出這類的話，但女性卻可以輕鬆講出。

雖然覺得她們真的很敢說，但如此高等技術，是一定要偷學起來的。

既然拒絕了對方的求婚，為何還要說：「我比較喜歡做朋友」這類的話呢？我想這是因為女性不想樹敵吧！女性從本能上，就不想要讓身邊的朋友變成會攻擊自己的人。

結婚對象只有一個，但不能讓結婚對象以外的男性都變成敵人。

因此，女性常用笑容築起一道防護牆。

男性就很不擅長這種技術了，男性要稍微向女性學習，「雖然無法結為連理，但還是可以做朋友」，持有如此態度也是必要的。

幸福處方箋

不要認為自己討厭的人全都不行，
要看到「這個人也有好的一面」。

/ Mon

/ Tue

/ Wed

/ Thu

/ Fri

/ Sat

/ Sun

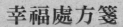

⑱ 如何與臉皮厚的人交往？

在與人交往的過程中，還有一個比較難的就是：「能夠容許對方得寸進尺到什麼程度？」

人若敞開心扉，別人就會進來。你退一步，對方就會進一步。再退一步，對方就更進一步，有人會這樣逐漸闖進來。我想有相當多的人，都在因這種類型的朋友而煩惱。

交到這種類型的朋友，往往其結果就是登堂入室，連你家米缸有多少米都知道。

簡單的說，這種人就是臉皮很厚，也正因如此，這種人常常被他人疏遠。

然而，各位也不要採取「不合拉倒」的如此極端態度，應該常常思考如何保持適當的距離。

「即使親近，也要到此為止。」需事先想好保持距離的方法。

若能保持一定的距離，就能長遠交往；若彼此間的距離太過親近，互相就會開始干涉，所以保持適當的距離很重要。

如果這部分沒做好，對方不斷闖進來，你一厭惡對方，彼此的關係就會斷掉。

這樣一來，對方就會覺得：「自己是那樣的好意，卻反而得到如此的反應，真是莫名其妙。」

這類型的人很難察覺自己已經太超過了，所以一開始，就必須與此人保持一定的距離。

雖然是玩笑話，但世上有一種說法：「從一對一起行走的男女背後觀察，從雙方彼此的距離就可以看出是什麼關係。五十公分是一個分水嶺。」

雖不知道這種說法的真偽，但各位除了在空間上要和對方保持距離，更需在心理上保持距離。

若能善於保持心理的距離，就能夠和各種類型的人交往。

在大部分情形下，交往過深或完全不交往，都會讓我們從對方學到的東西減少。

幸福處方箋

「即使親近，也要設一個底線。」需事先想好保持距離的方法。

/ Mon

/ Tue

/ Wed

/ Thu

/ Fri

/ Sat

/ Sun

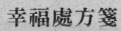

⑲ 雖竭盡全力，卻仍未能守信時該怎麼辦？

為了維持與他人的信賴關係，「守信」的態度最為重要。當然，有的情況下，無法按照約定實行。即便如此，也必須抱著全力以赴的誠意。

無法信守承諾時，最重要的就是心中要想：「真是對不起，下一次我一定會還。」

若用別的話來形容，就稱之為「留心」（留意於心中）。

我以前練過劍道，在比賽當中想要擊中對手面部時，往往專注力就只放在攻擊上，但若沒有一下子就取得有效的進攻分數的話，反而會被對方抓到空隙，進而失守。

因此，即使是在全力出擊，在心中也需留意。

這就是「留心」。

如果有如此的心態，就能夠建立下一個對策。

即便和對方承諾完成某事，但有時還是會發生失約的情形。

然而，從此人的人格是可以嗅出，此人到底僅是嘴上說說的人？還是一個竭盡全力卻沒有辦到，但還是要「找機會彌補」的人？

因此，各位要有如此心態。

「守信」就是要維持這種精神，一定要心存與對方保持信賴關係的心情。

「無論多麼努力，結果卻做不好」，這樣的事情多不勝數。

但是，不能因為這樣就和對方徹底說再見，而一定要持著「如果還有改正機會的話，一定補回這個欠債」的心情。

這是建立信賴關係的基礎。

幸福處方箋

從此人的人格可以嗅出，
此人是不是一個「想找機會補償」的人。

/ *Mon*

/ *Tue*

/ *Wed*

/ *Thu*

/ *Fri*

/ *Sat*

/ *Sun*

20

送給真想變得更溫和的你

如果無法體會對方的感受，那麼就難以對此人溫和起來。

特別是那些得天獨厚、生活優越的人，對待他人的態度總是會變得嚴厲，說出來的話也比較粗暴。有時會對他人說：「為什麼連這樣的事情都不會做？」

但是，當實際經歷過深刻的悲傷後，對他人寬容的範圍就會擴大。

那是因為此人深切地了解到，人在悲傷的樣子到底是怎麼一回事。

這種感覺，只有親身經驗過的人才能有深刻的體會。

經歷過悲傷的人，有其獨特的溫和感；歷經悲傷的人，會發出光明。

有句話說：「當從悲傷的谷底走出來時，光明就會展現。」我想說的就是這個意思。

與人接觸時溫和的目光、期待對方成長的心情，這些都是經歷過大悲的人所特有的。

不能原諒他人的人，有必要想想：「自己是不是沒有經歷過大的悲傷或挫折呢？」

人類能夠成大器的條件，自古以來，常常列舉的有：貧困、失業、降職、失戀、離婚、生病等等；考試失敗、失學、留級、人際關係失敗等等，也是成大器的條件。

經歷過這些，內心有時會一時灰暗起來，但若克服這一障礙，就會像硫磺薰製的銀一樣，綻放獨特的光輝。

這樣的人，能真切地瞭解他人的感受。

因此，對對方的看法或態度，都會變成對對方的寬容。

不管是誰，其心中一定有不想碰觸的痛處。

但是，從來沒有失敗過的人，一發現他人心中的傷口，就會毫不在乎地用錐子去戳刺，用言語或行為傷害對方。

然而，經歷過人生谷底的人，將變得溫和，不會用錐子去刺別人的傷口。

內心的傷口曾被刺痛的人，是不會用錐子去刺別人傷口的。

這也是一種寬容。

幸福處方箋

當實際經歷過深刻的悲傷後，對他人寬容的範圍就會擴大。

/ *Mon*

/ *Tue*

/ *Wed*

/ *Thu*

/ *Fri*

/ *Sat*

/ *Sun*

Chapter 5

從今天開始向前邁出一步

21 人生是「自我發現之旅」

如果考慮人生的目的，我想第一個目的，應該是「自我發現之旅」。

擁有個性來到人世，本身就意味著：「要探究自我的人生」。

探究自己，就是要發現：「自己為什麼擁有這樣的個性而來到人世？自己被給予了一個怎樣的人生呢？」

這自我探究、自我發現之旅，是誰也逃避不了的。

人生的另一個目的，就是「釐清與他人的關係」。

在與他人或社會的關係中，自己扮演什麼樣的角色？在與他人的關係中瞭解自己，同時要領悟到相互影響、共同生存的重要性。

這就是人生中兩個基本目的。

如果沒有他人的存在，單單自己一個人的話，就很難去瞭解自己。

和自己想法不同的人、自己喜歡或厭惡的人等等，各種各樣的人聚在一起時，自己才能了解自己。

儘管他人不會按照自己的想法行動，但是他人的存在，能夠讓自己認識自己，從一點來說就是非常可貴的。

這就是人類共同生活的原因所在。

如果沒有其他人存在，自己就完全無法了解自己。

其實，這就是佛神創造這個世界的理由。

佛神透過開展相對的世界，亦即透過創造相互磨合的世界，提升自我認識，並享受自身無限的可能性。

幸福處方箋

「自我發現之旅」和「釐清與他人的關係」
——這就是人生的兩個基本目的。

/ Mon

/ Tue

/ Wed

/ Thu

/ Fri

/ Sat

/ Sun

22 以「進步一成」為目標

如果經常以「進步一成」為目標，絕不會錯。

要經常給自己訂下目標，要比現在的自己再進步一成。

若實現了「進步一成」，要再接再厲，以下一個「一成」為目標。

如果能這樣想，就不會犯大錯。

如果突然想十倍或百倍地進步，多少會有些痛苦。

最終來說，當然對於未來的自己懷有遠景是好事，但首先請各位先以「進步一成」為目標。

這適用於各個領域；比如說收入，與其想著馬上增加十倍或百倍，還不如首先試著增加一成。

如果想更有行動力，那麼就先試著從增加一成的行動力做起。

如果覺得自己不擅長外出行動，那就首先試著比現在增加一成的外出活動。

即便覺得「自己不擅長與人對話，但想要與人順利地溝通」，可是要突然間每天說個不停，也不是件簡單的事。

就像這樣，首先以提升一成為目標，試著努力與人溝通，或是讓自己多增加一成的外出活動。

讀書也是一樣；討厭書本，不常讀書的人，如果突然想從明天開始讀千卷書，那也不是件簡單的事。

與其那樣，還不如先訂下要比上月多讀一成書籍數量的目標，慢慢再增加書本的數量。

如果這樣來考慮問題，就不會做一些過分的事情。

「自己往好的方向發展了多少？增強了多少？進步了多少？」，如果每個人都能以此為中心思考問題就好了。

即便我想想將國家、全世界打造成烏托邦世界，但所謂的烏托邦亦是每個個人的聚集。

若能夠幸福的人，由一人增加到兩人，再由兩人增加到三人的話，這樣，最終就會實現烏托邦。

幸福處方箋

要經常以進步一成為目標。

/ Mon

/ Tue

/ Wed

/ Thu

/ Fri

/ Sat

/ Sun

Chapter 6

家庭就像一面鏡子——能夠看到新的自己

㉓ 讓家庭幸福的最佳捷徑

有人說「他人的心是一面鏡子」，這的確很有道理。人們遇到親切的人就會變得親切，可是如果碰到帶刺的人，自己也會針鋒相對；這是一項法則。

因此，想讓周圍的人對自己好的方法，就是自己先對他人好，這就是最佳的捷徑。

在夫妻吵架或者婆媳問題當中，常聽到某一方盡是說對方很差、對方很壞，但通常不會有單方面是絕對的善人，或絕對的惡人的情形。

或許世間不存在那種讓所有人都喜歡的人，但必須在自己能力所及的範圍內，努力成為這樣的人。

而且，必須從「遇到初次見面的人，自己會給對方怎樣的印象」這一觀點出發，重新審視自己。

舉例來說，有些女士在遇到初次見面的人後，大家都稱讚她非常了不起、非常有修養，但如果唯獨她的先生和她相處很不和諧的話，那就是她的先生有問題了。只不過，如果自己沒有被初次見面的人稱讚過的話，那就說明自己應該還有一些能夠改進的地方。

總之，若是自己成為了一個很有修為的人，對方也會隨之改變的。雖然會有時間差，但一定會有所改變。

幸福處方箋

想讓他人善待自己的方法，就是自己先善待他人。

/ *Mon*

/ *Tue*

/ *Wed*

/ *Thu*

/ *Fri*

/ *Sat*

/ *Sun*

24

用言語表達感謝

對於家人的關愛，重要的是要用話語表現出來。

人們對於新鮮、感動的相遇，可以很簡單地講出動聽的話語。

但是在平凡的生活當中，就很難持續說出新鮮動聽的話語。

這就好像太陽每天都照耀著大地，人們往往會忘記感謝一樣。

太陽每日打從東邊昇起，如果這是一件令人感激的事，人們就必須要對太陽表達感謝。

而夫妻之間也是一樣，對於每天能夠快樂地生活在一起，也必須要相互表達感謝。

而且要用言語來表達感謝，用話語來表達感謝之情。

如果各位已經遺忘了感動之心，那麼請各位回歸初心。早晨醒來的時候，要想：「今天，又被賦予了生命。」、「夫妻互相要說出動聽的話，相互關愛！」希望各位不要忘記這樣的努力。

幸福處方箋

要心懷感謝，並將感謝說出口，用言語來表達感激之意。

/ *Mon*

/ *Tue*

/ *Wed*

/ *Thu*

/ *Fri*

/ *Sat*

/ *Sun*

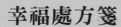

㉕結婚、變老，看看伴侶的身影……

在結婚之初，夫妻雙方都會對未來的生活，充滿各種的理想和憧憬。

但是，當一年、兩年、十年或者二十年過去時，常常理想、憧憬會逐漸變得淡薄、模糊，漸漸地開始對婚姻感到索然無味。

丈夫，不再是以前那個體貼的丈夫，而是疲於工作的丈夫；妻子也不再是當年那個讓人憐愛的少女，而是每天繫著髒兮兮的圍裙，經常喊著這邊痛、那邊痛，老是怨聲載道的黃臉婆。

然而，這個時候希望大家能夠回想一下當年的初衷。想想兩個人相識相愛、海誓山盟時的情景……。

讓當初的少女變成如今這般樣貌的始作俑者是誰，不正是作為丈夫的你嗎？把丈夫變成現在這個模樣的是誰，不正是作為妻子的妳嗎？如果認為現在眼中的對方，和當初相識時相比變得寒酸、不好的話，那就不單單是對方的責任了。

夫妻在一起生活，就應該相互啟發，彼此發掘對方的優點，攜手共同進步。

幸福處方箋

回憶一下和對方相識相愛、海誓山盟的時候吧！

/ *Mon*

/ *Tue*

/ *Wed*

/ *Thu*

/ *Fri*

/ *Sat*

/ *Sun*

26

孩子選擇父母而生

孩子是選擇父母而轉生的，八成以上皆是如此，這是一項法則。

從靈性的角度來說，如果沒有一定程度的親和性的話，此人也無法作為其孩子出生；這是原則。這也是雖然靈魂不同，可是孩子和父母相像的原因之一。

女性懷孕是一種靈性現象，因為在女性的肉體中、心靈中，寄宿了其他的靈魂。

也許這樣說不太好聽，從另一個意義上來說，懷孕即是一種憑依現象。出現憑依現象，須符合一個原則，那就是彼此的波長要相同（編注：波長同通的法則），孩子的靈魂大多宿於與自己波長相似的人當中。

也許有人認為「既然那樣，那小孩是被妻子所吸引來的，那不就和丈夫沒有關係了嗎？」但是，妻子和丈夫能夠結合，還是因為有相似之處，相互吸引才會走在一起。其結果，丈夫和小孩的波長大多也是相同的。

如果從一、兩歲的時候，開始觀察自己的小孩，就會發現孩子有許多和自己相似的地方。不僅僅是指生物學上的相似，從靈魂的傾向性來看，也有許多相似的地方。

幸福處方箋

從靈性的角度來說，
如果沒有一定程度的親和性，也無法作為其孩子出生。

/ *Mon*

/ *Tue*

/ *Wed*

/ *Thu*

/ *Fri*

/ *Sat*

/ *Sun*

27 長大後才顯現的幼時心靈創傷

「幼小時得不到父親的認同」，當持有這種欲求不滿的心念時，在進入社會後，便很想獲得公司主管或在上位者的認同。但是，就好像無法被父親認同一樣，這同樣很難得到主管們的賞識。

有些人認為「媽媽不太疼我」，這樣的人在家庭方面就很容易產生不滿的情緒。

孩童時代充分享受過母愛的人，一般都會選擇充滿感情的女性作為自己的伴侶。因此，即使在社會上遇到挫折，在大部分的情形下妻子也會幫自己撫平創傷、給自己幫助。而在孩童時代沒有充分享受過母愛的人，雖然此人在深層心理當中非常渴望和溫柔的女性結婚，但是能夠達成心願的卻不多。

並且，常常會被完全相反類型的女性給吸引。

其結果就是如果沒有結成婚，當然就會受到傷害，但即便是結了婚，有時也會遭到傷害，在新組的家庭當中，又反覆遭遇挫折。

在孩童時代受到的心靈傷害，很多時候會在長大成人之後，又以其他形式顯現出來。

幸福處方箋

孩童時代受到的心靈傷害，有時會以其他形式顯現出來。

/ *Mon*

/ *Tue*

/ *Wed*

/ *Thu*

/ *Fri*

/ *Sat*

/ *Sun*

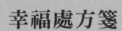

28 當妻子一方比較強勢時

不可思議地，較強勢或者較獨立的女性，往往會喜歡和不起眼的男性在一起。在可有可無、缺乏男人氣概的男性那裡，多是女性「一言堂」的世界。

在女性當中，有不少人被稱為女強人，她們具有「想吃掉男性」的心情；這些能量充沛的女性約佔總數的一成。

這類女性的表面意識在考慮：「為什麼丈夫是這樣的沒出息呢？」然而，潛在意識卻是常常想著：「正因為這樣，我才有活著的意義。」

認為「丈夫沒出息」的女性，有必要察覺自己的潛在意識在想什麼。

有些女性或許自己沒有察覺，有人在潛意識中，其實是怨恨自己生為女性的。這些人在想：「要是作為男人出生就好了。」這樣的女性一旦結婚，便會下意識地想要控制丈夫。

當妻子自己認為：「我比丈夫更有價值」時，其丈夫通常會離家出走、外遇或失業等等。

那其中雖然有著「丈夫想得到愛情」的一面，但也有著「丈夫想要建立男性的優勢地位，卻因無法實現，只好採取製造家庭麻煩的形式，進行負面的自我實現」的另一面。

幸福處方箋

要察覺自己的潛在意識（心底）在想什麼。

/ Mon

/ Tue

/ Wed

/ Thu

/ Fri

/ Sat

/ Sun

29 婆媳之間無法切斷的深厚之緣

經常聽到婆媳之間有許多爭吵、不合的事情，若從靈性的觀點來看的話，其實婆媳之間的緣分非常地深。在靈性上，有著非常深厚的因緣。一般情況下，都是因為婆婆比媳婦有較多的人生經歷，知道各式各樣的事情，在很多時候會認為「媳婦做的事情太不妥當，實在看不過去」。於是忍不住就想要一一加以指點和提醒，而被提醒的一方就像是新進員工，不得不一一忍受，長期下來，就會逐漸產生靈魂的糾葛。

女性結婚以後，雖然會在各方面感到綁手綁腳，但儘管如此，還是要把這些挫折、爭執當成像接受現實社會的訓練一樣，認定自己的靈魂正在接受磨練。

除了婆婆之外，還會遇到公公、姑姑或者小姑等，但不管是誰，其實都有各自可取的地方。

就像一般人常說的「交人所長，何來惡人」一樣，本著「學習他人優點」的心態待人接物，自然地會學到很多東西。而且，扮演老師角色的人也會稱讚：「這個媳婦確實有韌勁。」

幸福處方箋

交人所長，何來惡人。

/ *Mon*

/ *Tue*

/ *Wed*

/ *Thu*

/ *Fri*

/ *Sat*

/ *Sun*

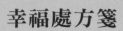

30

覺得「糟糕！完了！」時的脫困法

有時候，早上丈夫起床後一直在等吃早餐，而妻子還在睡覺，飯也沒做。

妻子慌忙起來，披頭散髮、睡眼朦朧地說：「你在幹嘛？」丈夫埋怨道：「還問在幹嘛，現在都幾點了呀，馬上要上班啦，早餐咧？」妻子聽到後說：「別這麼計較啦！」

如果此時妻子再進一步回嘴嘮叨：「現在是怎麼樣？如果你早三十分鐘叫醒我，我就來得及做早餐啊！要怪都要怪你！」若是這麼說，雙方一定會吵起來。

這一吵下去，若在心中產生毒素，那就大錯特錯了。

開始覺得「糟糕！」的時候，能否走對下一步就很關鍵了。當覺得「糟糕！」的時候，就要想想如何才能擺脫窘境，並且引導到好的結果。

人無法同時考慮兩件事情，這是一個法則。此時就要運用這個法則，這個法則也稱為「哄小孩的法則」。

小孩子若一下子看不到父母親，就會開始哭鬧。一旦發覺父母不在身邊，就會感到受冷落而哭泣。此時，如果把一個玩具或球扔過去的話，小孩子就會朝那邊看，並且往那邊爬過去，一下子就會停止哭泣了。

這就是哄小孩的法則，小孩真的會因此停止哭泣。

同樣，丈夫也可以作為哄的對象。

「親愛的，前幾天我聽到某某人說你能幹，稱讚了你一番耶！」等等，一說這樣的話，丈夫就會追問：「是嗎？」接著丈夫就不再發火了；這和哄小孩是一樣的道理。

丈夫若問：「到底稱讚我什麼了？」那麼妳就可以繼續回答說：「他說

你做的工作都很圓滿成功！」

「也是啦！而且我是不吃早餐，就去工作的熱血硬漢！」就這樣，問題就能解決了。

運用「人無法同時考慮兩件事情」的這個法則來「哄大人」，然後再繼續勸說，問題就會迎刃而解。

當有發火或惱怒的波動時，要能夠馬上轉移話題。改變想法，就會打消發火的念頭。如果自己內心遭受很大的波動就不妙了，所以要很果斷地打消發火的念頭。

之後再抽個時間，譬如丈夫晚上回來時，額外準備一個菜，「親愛的，今天早上對不起噢！為了補償你，我特別為你做了一個菜。」像這樣來彌補一下。

用「一日一生」的態度來做完當天的事情。

不過，請不要忘記要真誠對待。

幸福處方箋

人無法同時考慮兩件事情，
試著用「哄小孩」的方法來「哄大人」。

/ *Mon*

/ *Tue*

/ *Wed*

/ *Thu*

/ *Fri*

/ *Sat*

/ *Sun*

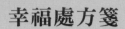

31 有些話講出來只需一瞬間，但效果竟能持續十幾年

夫妻常年生活在一起，但是有人對於妻子或者丈夫所做出的努力，從來沒有說過讚美的話語。

為什麼要躊躇於講出讚美的話語呢？講讚美的話是不需一毛錢的。

譬如，妻子今天的化妝比平時更漂亮了些，哪怕僅是漂亮了一點點，讚美一下不是很好嗎？

或者，丈夫回家時間要比平時早十分鐘，稱讚一下不是很好嗎？

即便丈夫只提前了十分鐘回家，如果能對他說一句：

「你比平常早回來耶！今天很有工作效率喔！」丈夫就會高興地想：「是啊！如果以後也能夠有計劃地完成工作，早點回家，老婆也會高興啊！」

就像這樣，哪怕是一點小事，也是可以誇獎的。

對於他人對自己講過的壞話，人是會幾十年都記得的；同樣受到讚美時，也會記得一清二楚。即使別人只是稍微地指責，人會記得十年左右，相同的，就算是幾句讚美的話語，也會記得十年左右。

這些說出來的話語，所需的只是短暫的一瞬間，但這一瞬間的效果卻是很大的。

維持良好的人際關係，引導走向幸福的方向，一毛錢也不需要，更不需要汗流浹背。

需要的就是改變心的態度，以及具體地表現好意；這是很重要的。

幸福處方籤

即便僅是受到一點點的讚美，人們都能記上十年左右。

/ *Mon*

/ *Tue*

/ *Wed*

/ *Thu*

/ *Fri*

/ *Sat*

/ *Sun*

32 夫妻之緣、親子之緣的靈性真相

夫妻之間有很深的緣分。人們常說夫妻是「三世之緣」，若是瞭解靈性的真相，就會明白夫妻之間的緣分真的很深。

偶然出生到這個世界、偶然結婚、偶然有了孩子、偶然走過幾十年的人生，這樣的事情是不可能的。

「從幾千萬人中選中唯一的一個人」，這絕對不是偶然的事情。

如果知道大多數的人，每經過幾百年就會轉生，那麼也就會明白，自己選擇作為伴侶的人，在過去的無數次轉生之中，多數情況下也曾是自己的伴侶。

這是理所當然的事情。

當考量要轉生於世間後，想和過去相處融洽的人或很投緣的人，再一起組成家庭，這也是很自然的想法吧！

因此，夫妻之間要以在今世經營一個出色的家庭，來世亦要成為夫妻為目標，建立理想的家庭。

這才能說是今世精彩的「羅曼史」。

此外，親子之緣也是非常深的。

親子的關係，鮮少是偶然成立的。

從父母的立場來看，常常容易覺得：「好孩子就認為是和自己有緣分，壞孩子就會覺得是哪兒出了錯。」但其實並非如此。

在親子的緣分中，蘊含著靈魂的教育，是為了解開「家庭習題集」，親子之緣才被設定的。

因此，即便父母親現在正為了孩子的事而苦惱，但請不要忘記那也是靈魂習題集中的一個問題。

各位的孩子是各位自己選擇的，必定和各位有著緣份。

父母親在教育孩子的過程中，亦會經歷到一課，即是「父母會從孩子的身上，看到自己的影子。」

看到孩子的身影，父母親多會有所感觸，會回想起孩童時期的自己，瞭解到自己到底是怎麼樣的性格。

孩子就是父母的鏡子，父母必須透過孩子的身影，對自己進行反省。

此外，對於父母來說，孩子可以實現自己未實現的願望，是一棵寶貴的「希望之樹」。

就像這樣，親子之間世世代代，一直連綿不斷地演繹著人生的「羅曼史」。

幸福處方箋

夫妻之間有著很深的緣分；
親子之緣當中亦蘊含著靈魂的訓練。

/ Mon

/ Tue

/ Wed

/ Thu

/ Fri

/ Sat

/ Sun

Chapter 7

一學就會的愉快課程——幸福日盛一日

㉝

首先試著「在心中」讚美對方——不可思議地對方就會開始自我反省

當人際關係方面處理得不好時，就有必要返回起點，回歸初衷，嚴格地審視自己。

人的價值是不能光靠能力來決定的，還有更寬闊的各種不同要素。人們大概都僅是針對某一方面評價對方，進而覺得對方很差勁。

如果在人際關係上遇到挫折，就應停止在雞蛋裡挑骨頭，試著去讚美對方。如果自己無法說出口，也可先在心中試著想想。

這樣一來，對方也會在相同時間，開始做相同的事情。

這看上去似乎是不可思議的巧合，若不相信可以試著做做看，結果一定會是這樣。

一般而言，在說對方不好時，大部分都是很自傲於自己的能力，覺得自己能力比對方強。

這也是與他人產生不合的原因所在，要把自傲放到一旁，保持寬容的心，多看一下對方的長處。

幸福處方箋

說對方不好時，大多是對自己能力的一種自傲。

/ *Mon*

/ *Tue*

/ *Wed*

/ *Thu*

/ *Fri*

/ *Sat*

/ *Sun*

34 「聆聽」的奇效

不愛對方的時候，通常也就是不能夠理解對方的時候。

夫妻關係大部分都是這樣；丈夫和妻子各執己見，互不相讓，既不能理解對方，更談不上原諒，因此爭吵不休。

若能夠理解對方，即能夠愛對方；而若感覺到自己能夠得到對方的理解，也就能感覺到自己是被關愛的。

多聆聽對方的話語，就能夠漸漸地理解對方。

其實在家庭中，只要好好傾聽對方所說的話，什麼都不用做，很多問題就能夠解決的。

當妻子有很多煩惱沒法解決的時候，什麼都不用做，只要丈夫能夠好好的傾聽妻子傾訴兩、三小時，常常事情就可以獲得解決了。

因此，為了理解對方就要提高自己傾聽的能力。

傾聽對方所講的話，這也是施愛之心。

幸福處方箋

只要經常聆聽對方的話語，有很多問題即能獲得解決。

/ *Mon*

/ *Tue*

/ *Wed*

/ *Thu*

/ *Fri*

/ *Sat*

/ *Sun*

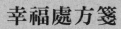

㉟ 稍微表現一下「小鳥依人」

總是抱怨丈夫對自己的愛情已降溫的女性，不妨站在男性的立場上，看看自己現在到底是怎樣的狀態。

結婚前打扮入時，充滿魅力，但是在建立家庭後就逐漸不注意穿著，也不化妝，總是給丈夫一種邋遢的印象，許多家庭主婦不就是這樣嗎？

家裡要洗的衣物堆積如山，甚至碰到天花板了；茶杯用完不洗，到處亂放；垃圾桶塞得滿滿地，蒼蠅滿天飛。每天晚上回到這樣的家，丈夫會作何感想？

「真是不像話啊！我每天辛辛苦苦在公司工作八小時、十小時，精疲力盡地回到家。可是說起我家老婆可真是啊，不整理房間，不洗衣服也不打掃，棉被也不折，就那麼放著，每天都是吃飽三餐還外加睡午覺。有這樣不可理喻的事情嗎？」丈夫就是這樣看著你。

但他心想：「男人是不應該發牢騷的。」所以從公司回到家後就板著一張臉，除了「吃飯」、「洗澡」、「睡覺」這三句話外，別的什麼也不說，但那也算是男性的最低限度的抗議吧！

總是抱怨丈夫對自己的愛情已降溫的人，請換一個立場想想：「怎樣做才能讓丈夫疼愛自己呢？」

認為「夫妻生活情趣不足」的人也是一樣，想想看，作為妻子的魅力，是不是哪裡有所欠缺？

再稍稍努力點，做一個勤快、小鳥依人的妻子，丈夫一定會更加疼愛你的。

幸福處方箋

試著想想：「要怎麼做，丈夫才會疼愛自己？」

/ *Mon*

/ *Tue*

/ *Wed*

/ *Thu*

/ *Fri*

/ *Sat*

/ *Sun*

36 讓沒出息的丈夫鬥志昂揚的方法

首先不要看現狀，試著想想丈夫是多麼的優秀，多麼的被神所關愛，首先請從「信仰」開始做起。

這就是所說的「家庭教」，從家庭教開始，把丈夫想成主宰之神。太把目光放在既定事實的家庭，其作法正好和「家庭教」相反。妻子擅長於分析：「丈夫的現狀僅此而已。」

「丈夫的薪資低於平均水準；丈夫比鄰居、比同期進入公司的人升職慢；丈夫的體型也不好，又不會講話。總之，什麼都差勁。」

妻子常常會做出有如「電腦診斷」般的結論。

可是，如果不擺脫如此這般的電腦診斷，家庭的愛就不會有發展。

請從對丈夫的信仰開始做起吧！

不用雙手合十對他祈禱，只要在心裡這麼想，或許丈夫有一天就會很意外地變得像神一樣。

如果能夠認為「自己是女巫」而盡職盡責，我想一定會出現相應的效果。

幸福處方箋

「丈夫真的是非常優秀！」先從對丈夫的信仰開始做起吧！

/ Mon

/ Tue

/ Wed

/ Thu

/ Fri

/ Sat

/ Sun

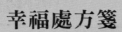

37 伴侶忽然敞開心扉之時

有些人，其伴侶已經很拼命努力地做，做到了九十分，但因為沒有達到滿分，所以會去責備對方。此時，對方通常會說：「你是好人，但就是挑人毛病這一點，很難讓人忍受。」

其實，常常在挑人毛病的人，是在尋找自己無法幸福的理由。凡是說「只是討厭他這一點」的人，其實是在尋找「因為有這一點才無法幸福」的理由。

不要只是尋找對方的缺點，而是要去認同對方的優點，感謝自己已經所得到的，改變自己的想法。

此外，不要再想從他人身上得到些什麼了。仔細看看自己已從他人那邊得到了什麼；想想從下一次開始，自己該要給對方什麼，回報些什麼。

譬如說，或許丈夫總是很晚才回家，但既然回來得晚自然是有晚回來的原因，作為妻子的自然要給予丈夫關心的話語或者慰勞。僅僅做到這一點，結果就會有很大的不同。

妻子多給丈夫一些關心的話語，丈夫也會忽然向你敞開心扉的。

幸福處方箋

想想自己要給對方什麼、回報什麼！

/ *Mon*

/ *Tue*

/ *Wed*

/ *Thu*

/ *Fri*

/ *Sat*

/ *Sun*

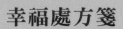

38

想說「氣話」時，一下子忍住的秘訣

發生家庭紛爭的時候，首先應該考慮的是「從管好嘴巴開始」。

傷人的話語、貶低對方的話語、把對方說得體無完膚的話語、讓人無地自容的話語，這些話語不要讓它說出口。

當激烈的話語即將說出口時，請深呼吸一下，在心中默數：「一、二、三、四、五、六……」，要是能數到十，那些激烈的話就說不出口了。

話一旦說出了口，那些話語就像有意識的生物一般，開始發揮作用、產生效果。透過耳朵，傳進對方的腦中和心中，進而喚起對方的憎恨之意。而對方也會說出更加激烈的話語，其結果就是雙方開始互相攻擊，血淋淋的戰場於是出現於眼前。

因此，首先要守住這扇大門：「絕不說傷害對方的否定、陰暗的話語。」

重要的是，不要在心中製造烏雲，不要讓對方吃下言語的毒藥。

對方或許有不好的地方，但沒有必要讓那不好的地方，在自己身上擴大、加強。

幸福處方箋

當激烈的話語即將說出口時，
請深呼吸，並試著在心中默數數字。

/ Mon

/ Tue

/ Wed

/ Thu

/ Fri

/ Sat

/ Sun

39 努力在家裡發現快樂

今後，若想要依循外界的價值觀、外界的標準，來追求成功或出人頭地，將變得非常嚴苛，因此多在家庭內下功夫發現快樂吧！

譬如說，在新婚時兩個人經常會一起去咖啡廳或者一起散步，又或者時常買一些鮮花來裝飾等等。

像這樣不用花太多錢又充滿回憶的小事或者遊戲，不妨再去做做看。

另外，如果有孩子的話，也可以重新審視因工作太忙，而被忽視的有關孩子的瑣碎事情，並從中去發現新價值。

參加孩子的運動會、看看孩子的作品展覽會，或是瞭解孩子的課業、學習等，試著做一些以前沒有做過的事情。

今後的時代，各位必須要稍微轉換自己的價值觀。

這不是單純的放棄，而是先回歸內部，一點點地累積氣力，等待重新出發之時。

幸福處方箋

不妨再去做那些不用花太多錢，
又充滿回憶的小事或者遊戲。

/ *Mon*

/ *Tue*

/ *Wed*

/ *Thu*

/ *Fri*

/ *Sat*

/ *Sun*

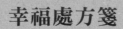

40 保持頭腦清醒！在家裡也能做的頭腦訓練

預防癡呆最有效的辦法，就是每週至少讀一本書。

另外，就是學習語言。這是醫生說的，我想是行之有效的。譬如，可以聽聽廣播節目，或看看電視上的語言節目。也可以看看參考書，再買本原著來讀讀也不錯。方法有很多，若能再次重新學習語言，頭腦會變得更年輕、更敏銳。

認為學習語言很辛苦的人，也可以學學詩詞等等，漢語當中有所謂的《唐詩選》。

對於曾經學習過的、有點研究性質的學問，若能重新進行分析性的學習，會產生新的刺激，頭腦會變得更加清醒、清晰，而且會感受到學習新東西或者默記的能力漸漸提高。

為了防止大腦衰退，當然學習語言是一個方法，但是據說練習讀、寫、算也不錯。因此請放下自尊，多進行一些計算練習或者書寫和朗讀的練習。

從四、五十歲左右開始，須針對上了年紀之後來做準備，要逐漸調整自己的體能，包括營養方面、肉體以及精神方面，聰明的活著是很重要的。

幸福處方箋

持續學習，會讓頭腦變得年輕、敏銳。

/ *Mon*

/ *Tue*

/ *Wed*

/ *Thu*

/ *Fri*

/ *Sat*

/ *Sun*

Chapter 8

末雨綢繆的智慧——家庭的不幸離你遠去

41 家庭失和的原因，百分之九十九在於「惡靈作祟」

家庭失和之時，幾乎百分之九十九都是惡靈作祟。

當然，若從世間的角度來想，可以找到很多合理的解釋，但是其背後一定有惡靈在作祟。

因此，當夫妻不和、吵架、鬧離婚時，希望各位能停下來好好想一想：「這真是自己所想的嗎？」

總是看到別人壞的一面時，多數是因為自己被惡靈侵入了。有句話說：「總是把週遭的人看做是惡人的人，此人就是最大的惡人。」這句話真是如此。

在家庭當中，總是看到別人不好的一面時，通常此人才是惡人。

正因如此，各位必須要好好想想，現在的想法真是自己所想的嗎？還是出自於另一個世界？更明確的說，是否是出自於憑依的惡靈呢？

【省思一下！這種時候總是「惡靈在作祟」】

- 總是覺得對方很壞。
- 不管怎麼想，總覺得對方老是很糟糕。
- 自己認定對方肯定已被惡靈入侵。
- 直到昨天都和睦相處，可是今天一下子就改變對對方的看法。
- 不自覺的一直想起對方從結婚以來的缺點，或從結婚前開始所發覺到的缺點，不禁令人想到：「所以這樣的婚姻會不會錯了呢？」並將這種想法合理化。
- 「這個時候、那個時候，還有那個時候，你做了那樣的事」，平時不記得的事情都想起來了。

●不只是針對對方本人，連對方家裡的人也覺得有問題。

●「你的兄弟姊妹不好」、「你的朋友不好」或「你的公司不好」等等，想否定對方的一切。

●覺得「唉，這是一個錯誤的婚姻。明明前世沒緣分，結錯了婚。」

●亂搞外遇或三角戀等等。

●親子或婆媳之間，持續發生激烈的爭執。

即便原本只有妻子或丈夫一方被惡靈侵入，若這被侵入的一方，一直責怪對方的話，另一方也會被惡靈侵入。若是雙方都被惡靈侵入，吵得不可開交的話，那麼就會變得難以收拾了。之後回過頭才發現：「為什麼會變成那樣？」，這些大多是惡靈在作祟。

關鍵是此人所持有的執著、煩惱，或是批判他人之心，挖人缺點的心，這些心念引來了惡靈，並讓此人批判的想法更加強烈。

於是，自己就會變得不再是自己了。

幸福處方箋

總是看到別人壞的一面時，多數是因為自己被惡靈侵入了。

/ *Mon*

/ *Tue*

/ *Wed*

/ *Thu*

/ *Fri*

/ *Sat*

/ *Sun*

42

孩子反抗父母的真正理由是什麼？

導致家庭暴力的原因之一就是壓力，這一點無庸置疑。若對孩子要求過多的話，有個性的孩子就會有所反抗。一般孩子發生反抗的時候，大部分都是因為父母對孩子強加某種特定的價值觀，「你必須這樣做」、「你必須念書」、「你必須從事這個工作」……等等，很多家庭暴力是因此而起。

譬如說，因為父母表示：「你將來一定要當醫生，為了考上醫學院，你必須要好好努力用功。普通的資質是沒辦法進入國立大學醫學院的，可是我又沒那麼多錢讓你讀私立大學……」而這樣被迫參與考試、補習的兒子，最後就會發狂胡鬧，這是常常發生的事。

父母因為曾經歷過某種失敗或者挫折，懷著「因為自己沒有很好發展，至少要想辦法讓孩子幸福」的一顆父母心，為孩子安排和準備好了各式各樣的課程，但是對於孩子來說，有時是一種極大的困擾。

父母的想法和孩子的想法是不一樣的。父母可能會以為自己完全明白孩子的心思，但是孩子從十五、六歲開始，就和父母親所考慮的不盡相同，因此父母也就無從瞭解孩子的內心想法了。

孩子的價值觀，有時是父母意料之外的。

幸福處方箋

孩子的價值觀，有時是父母意料之外的。

/ Mon

/ Tue

/ Wed

/ Thu

/ Fri

/ Sat

/ Sun

43 女兒嫁不出去的原因其實在父母？

儘管自己是想著要施愛，可是常常看到父母親用似黏膠的愛，把孩子給束縛住了。

那種「想控制全部」的心，就好似把孩子放進鳥籠裡般，那並非是「施愛」，而是「奪愛」。

當孩子漸漸長大成人，要離開自己身邊的時候，父母必須要感到很欣慰才可以。

然而，父母卻常常把孩子當成了玩偶。儘管父母非常優秀，但是把孩子當成玩具的父母不在少數。

譬如，父母平時總對女兒說：「妳趕快結婚吧！」可是又老是對孩子說教：「妳這樣是難以嫁出去的。」現實生活中，因為父母的原因而無法結婚的例子，比比皆是。

作為父母，打從心裡是捨不得女兒的，因此說東道西地想將女兒留在身邊，而且自己常常沒有自覺；所以說，這種自我察覺很重要。

幸福處方箋

你是否用似黏膠的愛，把孩子束縛住了？

/ *Mon*

/ *Tue*

/ *Wed*

/ *Thu*

/ *Fri*

/ *Sat*

/ *Sun*

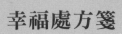

44 這麼做，就可以當一對幸福的中老年夫妻

中老年離婚大致上選擇權都在女方，而大多是因為丈夫工作熱心，晚上九點後才回家的類型。

晚上很晚才回家，晚餐隨便吃碗茶泡飯就算一餐，而早餐也以麵包果腹。像這樣的人，從工作崗位退休之後，每天都待在家裡的話，情況會怎樣呢？身為妻子的，大概都會感到精神壓力倍增。

這樣一來，就會出現新的問題：「以前因為工作關係整天不在家的丈夫，退休後一直在家，反而成了一件大型垃圾。」

而妻子呢，則是把滿腔熱情傾注在孩子身上，凡事總以孩子為最優先，而做丈夫的，只要每個月把薪水準時拿回家就可以了。如果一個家庭已變成

這樣的情形時，一旦孩子長大，聯繫夫妻之間的那條線也就跟著斷了。

該怎麼做才能避免這樣的事情發生呢？

其實很簡單，譬如可以定下每星期的某一天，作為夫妻共同分享的時間，努力創造夫妻對話的機會。

如果丈夫平時都很晚回家，休假時也都去打高爾夫球、或只和公司的人見面的話，到中晚年時，就有可能要走上離婚這條路了。

為了不讓這樣的事情發生，丈夫不要每週只打高爾夫，應每個月休息兩次左右，創造夫妻聊天談心的時間，有意義地製造夫妻間的連接點，這是不能輕忽的。

此外，丈夫還要提早培養自己的興趣，即使公司的工作結束了，也能找到生活的價值。

到了五十歲左右，就必須考慮六十歲以後的事情了。

想想：「自己從公司退休之後要做什麼？」為了讓老年的生活有意義，

就必須做些教育性的投資等等，為自己老年生活做好準備。

有著生氣，退休後依舊有事可做的男性，還是很有魅力的。

為了預防中老年離婚的危機，最基本的就是，一定要有策略性的思考。

簡單來說，中老年時的人生，還是需要規劃的。

幸福處方箋

為了預防中老年離婚的危機，一定要有策略性的思考。

/ *Mon*

/ *Tue*

/ *Wed*

/ *Thu*

/ *Fri*

/ *Sat*

/ *Sun*

45 憎恨之心也可能成為病因

憎恨別人，身體狀況多半會變差。儘管被憎恨之人的身體狀況也會變差，但是心懷憎恨心的人，也同樣好不到哪裡去。

得到病因不明疾病的人，大多數都具有強烈的憎恨之心。如果懷有「不能原諒對方」的憎恨之心，由於精神作用，身體中就會出現病灶。破壞性、憎恨的意念在物質化之後，常常容易形成癌細胞，進而在意想不到的地方出現疾病。

因此，除了為他人，也為了自己，必須要學會寬恕他人。除了要寬恕自己，也必須要寬恕他人。

也許對方曾經傷害過自己，讓自己出糗，甚至迫害、侮辱過自己，但是，還是必須要寬恕這些人。

你已經吃了一年的苦了，或者是已經吃了三、五年的苦了，已經夠了。

或許那些人現在已經變了，或許正在反省。「當時自己做了侮辱他人的事，但後來已做了反省。」這種事也是常有的。因此，不應該一直懷恨在心。

即使受到了嚴重的傷害、留下了沉痛的回憶，也不能一直耿耿於懷，必須想想「對方也不是十全十美的人」。

幸福處方箋

為了自己，必須要寬恕他人。

/ *Mon*

/ *Tue*

/ *Wed*

/ *Thu*

/ *Fri*

/ *Sat*

/ *Sun*

46 男人出軌時的潛在法則

如果妻子的財力變得很強，一般都會認為家庭會變得更好，但往往家庭會因此走向決裂。

當妻子的收入超過丈夫時，很多家庭就會面臨危機，或說即便不會如此，丈夫本身也會因自卑而走向毀滅的人生。這樣的例子極多，最好知道有這麼一個事實。

另外，夫妻倆都在工作，而且與丈夫相比，妻子的社會地位、職業立場受到世間較高的評價時，夫妻關係就容易出現危機了。

夫妻之間若開始這樣的競爭，家庭往往就會變成地獄。

「妻子本身具有經濟實力，且工作能力很強」，對社會來說並不是一件壞事，但是這樣一來，夫妻之間自然地就要產生競爭了。

而且，當丈夫一旦產生了「我輸了」的心情時，丈夫的自尊心就會受到傷害，在正常情況下家庭就會破裂。

丈夫一方如果產生了總是輸給妻子的心情之後，丈夫就會漸漸覺得回家是一件苦差事。這樣的丈夫大概就會出軌，開始尋求更加溫柔，且不用跟她競爭的女性。

從客觀來看，妻子明明是非常優秀，如果去相親，絕對是一個很受歡迎的女性，但即便如此，丈夫卻還是被沒那麼出色的女子勾引進而出軌，這種情形不在少數。

因此，身為妻子的人想必怎麼想也想不透。「那種女人究竟好在哪裡？我老公的腦子是不是有毛病？」

那麼，為什麼丈夫會喜歡那樣的女性呢？歸根究柢就是因為覺得可以放鬆，不會有打敗仗的感覺，自尊心不會受到傷害。

也不是說丈夫本來就是個花心鬼、大壞蛋，才使得家庭破滅的。

而是因為丈夫每天在家中無時無刻不受到審判：「你不會賺錢！你沒有出息！你腦袋不好！你連老婆都養不起！你怎麼能做孩子的榜樣！」諸如此類的事情，不是被嘮叨得沒完沒了，要不就是被暗示個不停。

這樣一來，丈夫會漸漸以加班為藉口晚回家，甚至以出差為幌子不回家。

因為這是一項法則，既然是法則，就首先得承認，然後對此採取對策。要知道，這並不是只有自己的家庭才會發生的特殊事件。

男性是有自尊心的動物。

若男性在家中無法保住自尊心，就有著走向破滅的可能。

對於這個自尊心的部分，哪怕只剩下一點點，也必須讓他保留著。如果完全粉碎的話，那就萬事休矣。

真正聰明的妻子，是不會把丈夫像傻子一樣看待的，將丈夫像傻子一樣看待的妻子是不聰明的。

好好的對待丈夫，讓他能夠心情愉快的一直工作到退休，這才是聰明的妻子。

幸福處方箋

男人的自尊心，哪怕只剩一點點，也必須讓他保留著。

/ *Mon*

/ *Tue*

/ *Wed*

/ *Thu*

/ *Fri*

/ *Sat*

/ *Sun*

47 試著削減家庭的花費

關於金錢的看法，不管是大企業也好，還是政府也好，基本上與家庭經濟一樣。簡而言之，就是進來的錢和出去的錢，就這麼簡單。現在的收入和今後預計的收入，以及現在的支出和今後預計的支出，這些都要考慮。另外，重要的就是要依照目前的存款，來考慮今後的安排。

這些事非常簡單，就連小學生也能明白，但學校是不教的，沒有地方會正經八百地教這些。大學商學院可能會教這些知識，但也許認為這些都是早該知道的而就不教了。

然而，不會這些的人還真不少。

首先，把自己家的收入和支出做成一張表。

一邊填寫現在的收入和今後的預計收入。如果自己服務的公司岌岌可危的話，未來的收入有可能減少，或者是需要轉職，這部分也必須考慮進去。

另一邊則填寫現在的支出和今後的預計支出，譬如房租、貸款、孩子的學費，以及其他包括孩子將來結婚的費用等等項目。這些支出到底有多少，寫出來看看。

從中可以看出哪裡的支出是不必要的，如果是不必要的支出，就要盡量減少其花費，將那些不必要的開支刪除。

譬如說，若有進口車，那就把它賣了。進口車比較耗油，實在浪費，因此首先要把它賣掉。

接下來，捨棄一些只是為了面子好看的事情，如「讓孩子到學費很貴的學校上學」等等，應改讓孩子到步行就能去的公立學校就讀。

妻子則要停止佩戴昂貴的首飾，把鑽戒等等都賣掉，做到穿戴素雅。

其次，要停止為交際而在外面的吃喝或唱 KTV 的生活。「我一喝酒就過敏，所以不能喝酒」「今天嗓子不能出聲，唱不了」等等，找各種藉口，停止那些無用地或講面子的應酬。

打高爾夫球需要花錢，所以要假裝腰疼，加以謝絕。

這樣一來，每個月或許能省下一大筆錢。

諸如此類，能省則省。也許會被人說「那傢伙真吝嗇」，被人認為「真是個討厭的傢伙」，但是為了減少家中的開銷，必須堅持到底。

如果連家庭經濟的振興都不能搞定，那麼此人也肯定無法讓公司賺錢。

首先，就是削減花費，能減則減。

至於收入，如果無法升遷的話，收入也許就不會增加。另外，若被炒魷魚的話，就會失去收入來源。因此，關於收入今後能否增加的問題，必須冷靜地進行分析。

譬如說，如果認為「自己這輩子都不可能做到管理階層」的話，就要提前考慮將來的收入狀態。另外，還要看看自己的健康狀況，看看究竟能夠工作到幾歲。

綜合考慮之後，和妻子心平氣和的談談。商量一下：「我想，我這一生也就只能做普通職員了。要想當上課長，必須要有超越平均的實力，我的實力看來是不夠了。這樣的收入，能應付今後的生活嗎？」

如果不夠生活的話，要對妻子說：「實在對不起，妳能不能幫忙打個零工？附近什麼地方好像貼有打工的廣告。」請妻子去打零工，透過這樣的方法增加收入，另一方面，還要減少支出。

有關錢的問題，基本上就是進來的錢和出去的錢，是「一張紙」的問題。

幸福處方箋

有關錢的問題，
基本上就是進來的錢和出去的錢，
是「一張紙」的問題。

/ *Mon*

/ *Tue*

/ *Wed*

/ *Thu*

/ *Fri*

/ *Sat*

/ *Sun*

㊽ 對他人生氣不已時

「他人的心不是自己能夠左右的。」請一定要明白這個真理。

就算你是國王或皇帝，也是一樣的；你可以控制某人的身體，讓他做奴隸；或者取走性命，但是，終究你仍是無法左右此人的心。不管發生什麼樣的事情，他人之心都是無法控制的。

心是一個王國。善良的心也好，邪惡的心也好，都是此人自身的東西。因此，對他人生氣不已時，請想一下：「此人的心，他人是無法支配的。」

既然如此，那麼我們應該怎麼做呢？雖不能支配他人的心，但是自己卻可以百分之百地控制自己的心。自己的心是自由自在的，無論身處在怎樣的環境，自己可以百分之百地決定要擁有何種心態，這就是關鍵所在；即使無法改變他人的心，卻可以改變自己的心。

經由改變自己的心，自己所發散的善念、善的能量、光明，事實上就會影響他人、感化他人。

雖然無法改變他人的心，但卻可以做到影響他人、感化他人。而且，這是藉由改變自己就可以做到的事。

幸福處方箋

我們雖然無法支配他人的心，
但卻可以百分之百地控制自己的心。

/ *Mon*

/ *Tue*

/ *Wed*

/ *Thu*

/ *Fri*

/ *Sat*

/ *Sun*

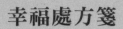

Chapter 9

家庭是幸福的源泉——其影響遍及職場和社會

49 家庭關係是現實社會的縮影

家庭有「父、母、子、孫」的長幼之序，還有男女之別；它是教育我們年齡長幼或者男女職責不同的模型。

也就是說，孩子從零歲到十八歲或到二十歲之前，都是在家中學習現實社會中的雛型。

孩子在家中最初所看到的，是父母分擔不同職責的身影。認知到男女的組合結合，以及性別角色的職責分擔，因而學習到「男女的關係就該如此」。

此外，在兄弟姐妹之間也能學到：「長子、次子、三子」或「長女、次女」的長幼有序之理。同時，還能學到「年長者責任較重，且必須照顧年幼者。」

這樣，進入現實社會後，就能知道前輩和後輩的區別，並瞭解「上位者必須關照下屬」的道理。

就像這樣，家庭是現實社會的縮影，也是一個雛型。

正因為如此，處理好家庭裡的人際關係，是為了現實社會出現圓滿人格者所不可或缺的前提。如果，家庭關係出現異常，這種環境下長大的靈魂，也一定會出現某種異常的品性。

孩子成長之際，最重要的是父母間的和諧，也就是父母間的互敬互愛。在這樣的父母身影下長大的孩子，心中存有著理想夫妻的典範，在自己的成長過程中，也將會依照這個模型去建構自己的家庭，可以說雙親的影響力是如此之大。

因此，當孩子離家後，若無法構築一個正常的家庭，或許其問題是出自於父母身上。

再者是，兄弟姐妹之間的關係也很重要。

孩子時常會觀察父母親的愛，在手足之間是如何分配的；而手足間偶爾會出現特別受父母疼愛的人，或較不得父母之緣的人。由此，便能體驗到將來在現實社會中也會經歷到的類似情況。

換言之，在家庭裡孩子可經歷到這樣的情形：「某些舉止會討父母的喜歡，而某些言行則會被厭惡。受到父母疼愛的人，可一直享受這種恩惠；而被父母討厭者，一有機會就會遭到奚落。」

藉此，人在小孩時期就已經學習到，將來出了社會之後，被上司欣賞與否的差異點在哪裡。

幸福處方箋

對於孩子的成長，最重要的就是父母間的和諧。

/ *Mon*

/ *Tue*

/ *Wed*

/ *Thu*

/ *Fri*

/ *Sat*

/ *Sun*

50 工作能力與個人問題間不可思議的關係

因不擅長交涉而煩惱的人，往往是對私生活缺乏自信。

譬如：「和妻子的關係不和諧，每天吵架不斷」、「家中有病人」、「孩子一直考不上大學」等等，擁有這種煩惱的人，無論如何都會表現在人際關係上，因此成為在和他人交涉時，缺乏韌性的原因之一。

儘管「公」與「私」是不同的概念，當「私」的部分出現柔弱的狀況時，同時也會影響到「公」的一面，所以必須思索「如何才能儘快地解決個人的煩惱」。

「自己家裡明明有著家庭暴力的情況，做為業務人員還能夠積極進取的工作。」這樣的事情恐怕不會有吧！

家庭中的煩惱是會影響到工作的。

有類似煩惱的人，首先應解決家庭中的煩惱。否則的話，不僅僅是家庭，就連工作也無法順利進行，兩邊皆充滿煩惱；因此首先要把家庭問題解決好。

譬如：身為丈夫，在週六、週日應好好做好自己該做的事情，或者在平時盡量早些回家，解決家庭的問題。

就像這樣，處理好自己的私生活問題是很重要的。

幸福處方箋

不擅長交涉的人，往往是因為對私生活缺乏自信。

/ *Mon*

/ *Tue*

/ *Wed*

/ *Thu*

/ *Fri*

/ *Sat*

/ *Sun*

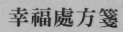

51

點亮家庭的光明

人必須要磨練自身的靈魂。

其出發點即是家庭當中的和諧，在家庭當中必須先打造烏托邦世界。與孩子們一起，為了建設一個美好的社會而努力生活；這一點看上去也許是小事，但實際上卻能夠成為相當大的力量。不能像部分所謂的「先進國家」的人們一樣，對家庭的觀念淡薄，社會關係混亂。

請各位務必要維持家庭的和諧。絕不可忘記，這個是「人生學校」中重要的部分。

在打造一個相互信任、和諧的家庭過程中，即會出現巨大的光明，這樣的家庭稱為「光明的子城」。各位要打造這光明的子城，要以此為出發點。

只有從男女和諧之路、家庭和諧之路、家庭烏托邦之路向前走，真正救世的力量才會出現。

在世界上建設充滿光明的家庭，正是幸福科學的工作。

面對五顏六色的鮮花燦爛盛開的景色，大家一定會認為很美好吧！我也是這麼認為的，這肯定要比一朵花漂亮得多。我相信只有遍地都是充滿光明的家庭，才是一個理想的國家。

首先，請從「讓家中充滿光明」開始做起吧！當各位的家庭充滿理想、充滿光明的時候，那將遍及到鄰居、友人；這是理所當然的事情，請無論如何不要忘記。

幸福處方箋

建設家庭烏托邦，將成為拯救世界的力量。

/ Mon

/ Tue

/ Wed

/ Thu

/ Fri

/ Sat

/ Sun

52 幸福的家庭從你的溫和態度開始

我希望各位能經常做個溫和的人，我不認為這是在要求各位做很困難的事情。

不管是埋頭於工作之中，還是處於家庭痛苦中，我希望各位都能想起這句話：「經常做個溫和的人」。

遲早有一天，各位都會離開人世間；不管是在幾年後或幾十年之後，都要離開世間。各位能體會屆時離開世間的心情嗎？

那心情就像是離開地面，變成懸掛在天空中的星星一樣。也即是從世間離去，成為懸掛在遙遠天空中的星星的心情。

當你離開世間，隨著離地幾百公尺、幾千公尺，眼中的地球會覺得越來越小。

過去自己曾在那裡玩耍的廣場、曾住過的家、對於朋友、家人的回憶，會逐漸變得越來越小，越來越淡薄；森林、河流和山嶺等等，也會變得朦朧起來。

此時，各位一定會想到：「要是當時能對這些人溫和一點就好了。」

我能夠預言，各位必定會經歷如此時刻。

屆時各位一定會想：「要是能給這些懷念的人多一份愛，多一句關懷的話語，那就太好了。」

各位要把「經常做個溫和的人」這句話牢記在心，同時要在腦海中描繪離開人世的那一瞬間的情景。

人寄宿於母親體內，然後降生這個世間，生活數十年。在這期間會經歷各種悲劇、喜劇，不久之後會離開人世，而返回靈界。

人世間的事情，只是片刻的回憶。就像畢業旅行一樣，快樂的學校生活一樣，皆是片刻的回憶或短暫的童話一般。

各位在世間的人生，皆是轉瞬即逝的。

若是如此，為何要過如此生硬古板的生活呢？又為何要度過如此嚴肅的人生呢？又為何要這麼嚴酷地對待他人呢？

在這終將離去的世界，為何不盡可能地留下美好的印象呢？

就如同自己希望得到他人的關愛一樣，對待他人也要和藹可親，難道不是這樣嗎？

對人來說，最開心的時刻難道不是受到他人親切關愛的瞬間嗎？難道不是得到他人和藹對待的瞬間嗎？

如果是這樣，各位不是必須成為一個溫和的人嗎？就像自己希望得到他人的關愛一樣，自己也要親切地對待他人。難道你不想成為一個溫和的人生活下去嗎？

哪怕是對人過於溫和，也要消除這個世界上那種冷漠生硬或寒風刺骨之感。

幸福處方箋

就如同自己希望得到他人的關愛一樣，
對待他人也要和藹可親。

/ *Mon*

/ *Tue*

/ *Wed*

/ *Thu*

/ *Fri*

/ *Sat*

/ *Sun*

後記

不知各位讀後感覺如何？如果能從中找到一、兩個值得參考的地方，那是再好不過的了。

人是靈性的存在，雖說人要從此世回到來世，但是要過幸福的人生，其前提是要過好家庭生活。家庭生活若很圓滿，就不會那麼輕易地墮落入地獄了。

唯有鞏固家庭幸福這一基礎，職業上的成功，才能夠連結到更幸福的境界。儘管是件難事，但值得努力。

本書語言簡練，充滿了讓人醒悟的「一轉語」。請各位相信，透過改變思考方式，人生就會改變。

幸福科學總裁
大川隆法

What's Being 013

幸福的52個智慧

作　　者：大川隆法
總 編 輯：許汝紘
副總編輯：楊文玄
美術編輯：楊詠棠
行銷經理：吳京霖
發　　行：楊伯江、許麗雪
出　　版：佳赫文化行銷有限公司
地　　址：台北市大安區忠孝東路四段341號11樓之三
電　　話：（02）2740-3939
傳　　真：（02）2777-1413
www.wretch.cc/ blog/ cultuspeak
http://www. cultuspeak.com.tw
E-Mail：cultuspeak@cultuspeak.com.tw
劃撥帳號：50040687 信實文化行銷有限公司

印　　刷：漢藝有限公司
地　　址：台北縣中和市中山路二段 315 巷 8 號 2 樓
電　　話：（02）2247-7654

總 經 銷：時報文化出版企業股份有限公司
地　　址：中和市連城路 134 巷 16 號
電　　話：（02）2306-6842

2010 年 11 月 初版
定價：新台幣 280 元

國家圖書館出版品預行編目資料（CIP）資料

幸福的52個智慧
大川隆法作；
初版——臺北市：佳赫文化行銷，2010.11
面；　公分——（What's being；13）
譯自：Tea Time；Coffee Break
ISBN 978-986-6271-28-1（平裝）
1. 生活指導

177.2　　99020758